Religiöse Gedichte – denn wer glaubt vertraut

Kurt von der Heide

Religiöse Gedichte – denn wer glaubt vertraut

Gedichte und Gebete nicht nur für Kirchgänger

Bibliografische Information der Deutschen Nationalbibliothek:
Die Deutsche Nationalbibliothek verzeichnet diese Publikation in der Deutschen Nationalbibliografie; detaillierte bibliografische Daten sind im Internet über http://dnb.dnb.de abrufbar.

© 2013 Kurt von der Heide

Herstellung und Verlag: BoD – Books on Demand, Norderstedt
ISBN: 978-3-7322-5003-5

INHALTSVERZEICHNIS

Jesus Christus der Berufene - 7
Falscher Engel - 9
Stufen zum Himmel - 12
Lieber Gott - 13
Zufall oder Schicksal - 14
Buch der Engel - 16
Traumwelt - 17
Die Weisheit - 19
Gottes Größe - 21
Gottes Liebe - 25
Hallo du… - 27
Glauben - 30
Mein persönliches Gebet - 32
Du redest auch wenn du schweigst - 34
Erbarmen - 35
Meine Entdeckung - 36
Du bist es der mich versteht - 38
Herr der Welt - 40
Glockenklang - 42
Ein Gebet - 44
Gottvertrauen - 46
Unsichtbare Kraft - 48
Gedanken an Gott - 49
Zwiegespräch mit Gott - 50
Sternstunden - 51
Dein Beschützer - 53
Mein Herr - 54
Die Kerze - 55
Licht in der Dunkelheit - 57

JESUS CHRISTUS DER BERUFENE

Ohne aus dem Fenster zu sehn
Kennt er die Welt
Kann aus der Türe gehn
Und braucht doch kein Geld

Doch der Berufene braucht gar nicht zu gehn
Denn er weiß ohnehin alles was wird geschehn
Sein Blick geht durch jede Wand
Sieht alles und jeden in diesem Land

In jedes Herz er kann schaun
Sucht ob die Liebe dort hat einen Raum
Er braucht nichts zu tun und vollendet doch
Seine Gebete gehen zu Gott in den Himmel hoch

Er kann wirken auch ohne zu handeln
Weiß auf welch schmalen Grad er muss wandeln
Er kann belehren ohne zu reden
Denn reden ohne Worte ist auch leben

Nichts Materielles nennt er sein eigen
Trotzdem sich alle vor ihm verneigen
Nicht nach irdischer Macht steht ihm der Sinn
Denn nur die Liebe zeigt uns den Weg zu ihm hin

FALSCHER ENGEL

Du hast gesagt du bist mein Engel
Ich hab dir geglaubt ganz ohne Mängel
Und gab dir meine Seele ohne wenn und aber
Und hielt auch nichts zurück im geheimsten Lager

Meine Seele flog getragen von deinen Worten
Vorbei an Raum und Zeit und geheimen Orten
Sie war geblendet durch dein Licht
Ohne zu merken das es keine Wärme verspricht

Du nahmst meine Seele und ließest sie fallen
Meine Hilferufe ungehört verhallen
Du fragst nicht was aus meiner Seele wird
Du bist ein dunkler Engel mit dem man nur verliert

Du bist Luzifer und trägst ein falsches Licht
Ein Licht das zeigt du bist der größte Wicht
Meine Seele hatte sich verirrt du gabst sie nicht zurück
Du gingst einfach weiter ließest mir kein Glück

Du ließest sie zurück in Dunkelheit und Kälte
Es war der falsche Weg den ich mit dir wählte
Ich suchte meine Seele neu und fand sie ängstlich und verwirrt
Hatte sich auf ihrem Weg so sehr verirrt

*Dunkler Engel ich hab zu mir zurück
gefunden
Ich sah dein falsches Gesicht und will es
gerne auch bekunden
Dunkler Engel der du ohne Liebe bist
Ich lass dich gehen denn mein Engel bist du nicht*

STUFEN ZUM HIMMEL

Wir sind nur Gast auf dieser Erden
Und wandern manchmal ohne Ruh
Mit viel Mühsal und Beschwerden
Der ewigen Heimat zu

Denn wenn die Liebe einen Weg zum Himmel fände
Und Güte und Vertrauen zu Stufen würden
Sähen wir Menschen ohne Ende
Für die wären selbst die höchsten Stufen keine Hürden

LIEBER GOTT

Lieber Gott komm gib uns Kraft
Denn vieles erscheint uns so rätselhaft
Das wir Menschen uns doch mehr achten
Und nicht ständig andere nur verachten

Lieber Gott komm steh uns bei
Das die Welt nicht bricht entzwei
Das sich gute Menschen nicht mehr fürchten
Und vor Satans Helfer müssen flüchten

Lieber Gott komm mach uns Mut
Das Liebe sprießt statt Hass und Blut
Zeig den Menschen die richtige Bahn
Damit wir nicht erliegen unserem Größenwahn
Und vergib uns das was wir getan

ZUFALL ODER SCHICKSAL

Was ist Zufall – was ist Schicksal
Das hab ich mich schon oft gefragt
Wo und wann endet mein Leben
Und wer hat es mir gegeben
Niemand mir die Antwort sagt

Werden wir uns alle wiedersehn
Lohnt es sich an Gott zu glauben
Soll ich mit oder ohne ihn meine Wege gehn
Warum lässt er so viel Leid geschehn

Unendlich weit entfernt scheinen die Leitersprossen
Die führen zum Garten Eden der für uns verschlossen
Suchen doch ständig nach der Eingangstür
Finden aber keinen Schlüssel dafür

Die Antwort auf diese Fragen
Die kennt einer nur allein
Wird immer hoch uns überragen
Weiht uns nicht in sein Geheimnis ein

Erst wenn wir ihm blind vertrauen
An ihm glauben und verstehn
Lässt er uns hinter die Türen schaun
Und lässt uns in den Himmel sehn

BUCH DER ENGEL

Ein Buch der Engel was ich einst fand
Halte ich wieder in meiner Hand
Es fesselt mich von Anfang an
So das ich gar nicht anders kann
Als Seite um Seite zu lesen
Von diesen himmlischen Wesen

Ich wünsche mir sehnlichst eines zu sehen
Vielleicht kurz an seiner Seite zu stehen
Plötzlich ein strahlendes Licht so wunderbar
Ganz nah vor meinen Augen war

Ein zauberhaftes Wesen sah mich an
Und kam ganz dicht an mich heran
Der Engel sprach: Ich bin dir nah
Im Guten und auch in der Gefahr
Vertrau mir nur dann wirst du sehn
Ohne Angst kannst du durchs Leben gehn

TRAUMWELT

Ich vergesse die Welt ich halte inne
Trete ein durch das Tor der ruhenden Sinne
Nur ich allein im Herzen der Welt
Vorbei ist die Jagd nach Ruhm und Geld

Ich geh tief in mich und schau hinauf
Eine große Tür die tut sich auf
Trete ein und kann in der Hast des Alltags ruhen
und schweigen
Mich dankbar vor Gottes Schöpfung neigen

Die Grenzen erkennen in Zeit und Raum
Alles erleben wie im Traum
Die Zeit steht nun still - ich atme in ihr
Die ganze Welt versöhnt sich mit mir

Frieden fließt in mein Herz
Vertreibt böse Gedanken und den Seelenschmerz
Ich tauche wieder ein in den Lärm unserer Zeit
Demütig erkennend die Unendlichkeit
Ich fühle mich an Körper und Seele erholt
Die Sonne bestrahlt den Tag mit schimmerndem Gold

DIE WEISHEIT

Aus dem Mund des Höchsten ging ich hervor
Im Himmel war meine Wohnung wo Engel sangen im Chor
Auf einer Wolkensäule stand mein Thron
Mit einer Glocke welche hatte einen ganz besonderen Ton

Der Schöpfer der ganzen Welt schuf mich vor aller Zeit
Und ich werde nicht vergehn bis in alle Ewigkeit
Allein umschritt ich den Kreis der Welt
In den Tiefen der Abgründe kein Schein der Sonne fällt

Wie ein Nebel bedeckte ich die Erde
Damit überall Frieden werde
Ich herrschte über das wogende Meer
Es zu bändigen das war schon schwer

Alle Länder und viele Wälder ich durchschritt
Doch niemand war da der wollte mit
Überall suchte ich einen Ruheort
Ich suchte und suchte in einem fort

Wurzeln bei seinem berühmten Volk ich schlug
Aber heute bezweifle ich das das war klug
Denn ich sagte zu ihnen: „Esst mich, dann habt ihr Hunger nach mehr!"
„Trinkt mich, dann habt ihr Durst nach mehr!"

Tut was ich euch sage und es wird euch gut ergehn
Doch keiner war da der mich konnt verstehn
Die Weisheit war da sie brauchten mich nur Greifen
Aber niemand wollt mich hören, sie müssen wohl noch reifen

GOTTES GRÖSSE

Ich will an die Werke des Herrn erinnern
Seine Worte bestehen auch in meinem Innern
Und beschreiben was ich habe gesehn
Ich folgte seinem Befehl wenn ich auch manches nicht konnt verstehn

Seine Sonne alles strahlend in Licht einhüllt
Damit der Glanz des Herrn die Schöpfung erfüllt
Groß ist der Herr denn er hat die Sonne gemacht
Auf seinen Befehl durcheilt sie die Bahn – von ihm überwacht

Prächtige Regenbogen am Himmel erscheinen
Die Horizonte sich vereinen
Seinen Engel bemühen sich all die Wunder zu zählen
Doch täglich kommen neue hinzu, drum sie sich ständig verzählen

Er blickt in das Meer und ins menschliche Herz
Und durchschaut sie beide – sieht auch den Schmerz
Denn er hat alles Wissen und kennt die Zeichen der wechselnden Zeit
Er tut kund was war und was kommen wird bis in die Ewigkeit

Kein Gedanke kann im entgehen
Jedes Wort wird er verstehen
Er ist derselbe seit uralten Zeiten
Und wird es für immer sein bis in alle Ewigkeiten

Wie wundervoll sind all seine Werke
Selbst im kleinsten zeigt sich seine Stärke
Er will das wir leben und bestehen für immer
Das was dafür nötig ist hat er in seinem Weltenzimmer

Alles Leben auf der Welt immer paarweise gibt
Damit auch niemand die Schöpfung verschiebt
Wie herrlich ist sein Himmel anzuschauen
Die Wolken auf die Führung des Herrn Vertrauen

Die Sonne am Mittag ganz oben steht
Ihrem heißen Atem niemand wiedersteht
Zu bestimmten Zeiten auch der Mond erscheint
Eine Leuchte die abnimmt, fast als wenn sie weint

Wie ein leuchtendes Banner der himmlischen Heere
Strahlt er auf die Oberfläche der dunklen Meere
Herrlich ist der Himmel beim Glanz der Sterne
Wie funkelnder Schmuck – der Herr sieht es gerne

Ein prächtiger Regenbogen am Himmel erscheint
Die Horizonte werden vereint
Im Winter befiehlt der Herr zu uns den Schnee
Und eine Eisschicht versteckt den See

Er lässt Blitze zucken die vollstrecken sein Gericht
Der Donner grollt, die Erde zittert, jeder weiß sein Wort ist ewiglich
Gott zähmt auch das Meer mit seinem Ungeheuer
Und zeigte mutigen Seeleuten den Weg auch wenn er ihnen nicht ganz geheuer

Ehrfurchtgebietend aber voller Liebe schaut er auf uns in seiner Herrlichkeit
Rühmet den Herrn, denn sein ist die Kraft und die Macht bis in die Ewigkeit

GOTTES LIEBE

Gepriesen sei unser Gott, der Vater unseres Herrn
Jesus Christus
Denn durch Christus hat er uns Anteil gegeben
In der Fülle der Gaben seines Geistes zu leben
Uns hat er schon vor Augen gehabt
Bevor er die Welt schuf an der er sich labt

Alle Menschen die zu Christus stehn
Durch ihn den rechten Weg dann gehn
Aus Liebe hat der Herr uns dazu bestimmt
Das er seine Söhne und Töchter zu sich nimmt

Durch Jesus Christus und ein Blick auf ihn
Geschah sein Wille und so gefiel es ihm
Stets so viel Gnade er uns erwiesen hat
Durch Jesus Christus, seinen geliebten Sohn findet sie statt
Wir sind erlöst durch dessen Blut das er für uns hat gegeben
Unsere ganze Schuld wird uns dadurch vergeben

In seiner Güte er uns Einsicht schenkte
Ließ er uns die Wege erkennen über die er unsere Schritte lenkte
Er hielt sein Geheimnis vor uns allen verborgen
Niemand erfuhr etwas von seinem Plan für Morgen

Nach seiner Absicht wird die Zeit der Erfüllung kommen
Alle im Himmel und auf Erden haben es vernommen
Alles will er zur Einheit zusammenschweißen
Jesus Christus als Haupt wird es uns Verheißen

Gott hat uns von Anfang an dazu bestimmt
Einen Anteil zu bekommen am künftigen Heil, sobald es beginnt

HALLO DU....

Hallo du, hör mal zu
Ich bin auf dem Weg zu dir
Ihn zu finden das wünsch ich mir
Bin wie das kleine Samenkorn
Vom Wind geweht nach vorn

Hallo du, hör mal zu
Wird die Tür für mich auch aufgehn
Oder muss ich erst um Gnade flehn
Bin in der Sünde noch gefangen
Für mich noch nie die Engel sangen

Hallo du, hör mal zu
Lass mich den Weg zu dir nicht verlieren
Damit ich mich auf dein Wort kann konzentrieren
Vergiss auch nicht den Samen dann zu gießen
Damit der Baum kann tüchtig sprießen

Hallo du, hör mal zu
Ich will dich kennenlernen
Und mich nicht von dir entfernen
Du sagst dafür ist es nie zu spät
Egal wie schnell die Welt sich dreht

Hallo du, hör mal zu
So viele Niederlagen musst ich erleben
Kannst du mich trösten noch in diesem Leben
Durch und durch sagst du tust du mich kennen
Bei welchem Namen soll ich dich dann nennen

Hallo du, hör mal zu
Nenn doch auch mich bei meinem Namen
So wie die anderen die zu dir kamen
Dann weiß ich das ich angekommen bin
Denn ohne dich hat alles keinen Sinn

Hallo du, hör mal zu
Von dir kommt die Liebe und Barmherzigkeit
Ich möchte dir nah sein – ich bin bereit
Wenn meine Versuche auch noch zaghaft sind
Du sagst doch: jeder ist dein Kind

Hallo du, hör mal zu
Nur du weißt wer ich bin
Nur du weißt wie ich bin
Nur du weißt warum ich bin
Nur du weißt wie schwach ich bin

Hallo du, hör mal zu
Nur du kannst mich bei den Händen nehmen
Nur du kannst die vielen Sünden mir vergeben
Nur du kannst mir ein neues Leben geben
Nur du kannst dieses Netz der Hilfe weben

GLAUBEN

Glauben tut jeder auch wenn er es nicht weiß
Glauben ist nicht teuer, hat keinen Preis
Hier kommt der Beweis:

Der Stuhl auf den du dich so gerne setzt
Du _glaubst_ er hält doch dein Gewicht
Du drehst den Knopf an der Heizung und _glaubst_ sie wärmt dich jetzt
Du drückst den Schalter und _glaubst_ an das Licht

Du drehst am Hahn und _glaubst_ das Wasser kann man trinken
Du trittst auf die Bremse und _glaubst_ das Auto bleibt dann stehen
Du fährst mit dem Schiff und _glaubst_ es wird nicht sinken
Du legst dich schlafen und _glaubst_ morgen wird es weitergehen

Du nimmst alles als selbstverständlich hin
Nörgelst hier und da sogar noch rum
Vielleicht macht alles erst dann wirklich Sinn
Wenn hinter dem Wort <u>Glauben</u> steht das Evangelium

Ich glaube es wäre mal ganz wichtig
Nachzudenken was <u>glauben</u> auch noch heißen kann
Da gibt es jemand der fänd es bestimmt ganz richtig
Das man über das Wort <u>glauben</u> auch mal reden kann

MEIN PERSÖNLICHES GEBET

Mein Herr Jesus Christ, du bist meine einzige Hoffnung
Auf dich gründet sich mein Vertrauen im Leben
Deine Barmherzigkeit und deine Güte kennt keine Grenzen
Gib mir die Kraft dich zu suchen und dich zu finden
Vor dir steh ich mit meiner Kraft und meiner Schwäche:
Die eine bewahre mir und die andere bitte heile
Dir stelle ich mein Trübsal und meine Unwissenheit anheim
Wo du mir geöffnet hast lass deine Gnade leuchten
Wo du die Tür geschlossen hast, öffne wenn ich anklopfe
Dich will ich erkennen, dich will ich lieben
Frieden und Glück gibt es nicht ohne dich
Zu dir erhebe ich meine Augen, auf dich vertraue ich

Herr Jesus, lass Erkenntnis und Liebe in mir wachsen
Ich bitte dich mir die Kraft zu geben um zu warten bis dein Ruf mich ereilt
Und beim Vater um Gnade zu flehen
Damit ich weiß das meine Sünden mir sind Vergeben

AMEN

DU REDEST AUCH WENN DU SCHWEIGST

Vater im Himmel
Du redest zu uns Menschen auf vielerlei Weise
Zu den Kindern bis hin zum Greise
Du, dem Verstand und Weisheit alleine gehören
Leite uns das wir dich können hören

Auch wenn du dich hüllst in Schweigen
Wir wissen wir sind dein eigen
Denn auch du bist es der irgendwann schweigt
Der durch Taten seine Liebe zu uns zeigt

So viele hoffen dich trotzdem zu verstehn
Denn durch deinen Sohn lernten wir zu sehn
Herr, wir wissen es ist nur scheinbar ein
Augenblick des Schweigens
Denn du siehst die Qual unseres inneren Leidens
Schenke uns Trost wenn wir rufen nach dir ganz
laut
Denn ohne dich hätten wir auf Sand gebaut

ERBARMEN

Zu wenig Zeit ich mir für dich nehme
Beschäftige mich nur noch mit meinen eigenen Problemen
Ich bin nur ein Mensch und gering im Geist
Vergesse das die Lösung meiner Probleme die Liebe zu Jesus Christus heißt

Vertiefe mich viel zu selten in ein Gebet
Ich hoffe dafür ist es dann nicht zu spät
Meine Sünden lassen mich häufig im Schlafe wachen
Hör im Geiste schon den Teufel lachen

Nur du Herr, kannst mich retten vor der Höllenglut
Hab erbarmen und lass mich nicht zahlen so grausigen Tribut

MEINE ENTDECKUNG

Wenn nach stummen Tagen die Seele nicht mehr schweigt
Und die Wolke des Vergessens wieder Lebenszeichen zeigt
Kommt im Meer der Not wieder Land in Sicht
Wir öffnen uns der Wahrheit sehen klarer durch das Licht

Du bist und warst immer in mir - lange Zeit heimlich und versteckt
In der Not und durch die Liebe habe ich dich doch entdeckt
Tief in mir habe ich hab den Glauben nie verloren
Bin in deinem Zeichen doch geboren

Du öffnest mich der Freude und schließt die Tür zur Angst
Und es ist so wenig was du dafür verlangst
Ohne deine Hilfe hätte ich dich in mir viel zu spät gesehn
Nur du kannst den Sinn des Lebens verstehn

Wir wissen durch das funkeln der Gestirne und das atmen dieser Welt
Im Sturm des Lebens sind wir nicht allein auf uns gestellt
Nur du kennst die Antwort warum wir sind
Und zeigst mir den Weg den allein ich nicht find

DU BIST ES DER MICH VERSTEHT

Du, Herr Jesus Christ, wirst mich verstehn
Und auch in größter Not nicht von mir gehn
Wenn deine Liebe mich umfängt
Gibt es keine Angst die mich noch drängt
Du bist es der mich versteht

Du spendest mir Licht und Wärme
Denn du stehst an meiner Seite und bist nicht ferne
Deine Liebe durch meine Seele weht
Dein Geist an meiner Seite steht
Du bist es der mich versteht

Im Gebet mit dir geb ich meine Leiden her
Ändert mein Leben das bis jetzt so sorgenschwer
Du verbreitest in meiner Seele Zuversicht
Bringst ein Lächeln auf mein Angesicht
Du bist es der mich versteht

Du, Herr, zeigst mir wie ich mit den Augen der Liebe sehe
Und du siehst das ich zu deinen Worten stehe
Ich erbitte deinen Segen um mich zu schützen
Und deine Arme um mich zu stützen
Du bist es der mich versteht

HERR DER WELT

Du Gott bist der Herr der Welt
Du bist es der voller Liebe ist
Und damit alles an den Pranger stellt
Was der kleine Mensch ganz schnell vergisst

So viele Menschen vergessen das du unser Schöpfer bist
Erinnern sich nur in ihrer Not an dich
Auch wenn jeder sagt ich bin ein Christ
Ist dieses Wort in ihrem normalen Leben für die meisten doch nur hinderlich

Anstatt das sie dich und deine Güte loben
Ist kaum einer bereit dem anderen seine Schuld zu vergeben
Regen sich auf wenn überall die Kriege toben
Nehmen das Geschenk nicht an das da heißt: in Frieden leben

Herr, du bist es der dem Wind kann befehlen
Aus einem Windhauch werde Sturm
Um die Gedanken frei zu machen und nicht mehr zu quälen
Damit die Liebe nicht mehr flüchten muss in einen dunklen Turm

Nur du bist es der wacht über Meer und Land
Der bringt den Himmel auch zum weinen
Gib uns Menschen doch den richtigen Verstand
Der uns hilft die Menschheit in Liebe dann zu einen

Guter Gott du bist so voller Gnade
Schütze und bewahre mich
Erlaube das ich in deinem Lichte bade
Denn ich weiß deine Liebe währet jetzt und ewiglich

GLOCKENKLANG

Hörst du dort die Kirchenglocke
So herrlich ist ihr Klang
Ganz weich wie von deinem Haar fällt eine Locke
Hörst du sie in deiner Ohren Gang

Schickt hinaus in die Welt ihre Melodie
Mal laut und auch mal leise
Für den Frieden läutet sie
Auf ganz besondere Weise

Klingt vor Freude dann ganz laut
Wenn zwei Herzen sich gefunden
Stolz der Bräutigam, wunderschön die Braut
Während sie vor Gott ihre Liebe dann bekunden

Ganz leis wie zur Ermahnung dann
Wenn ein Mensch von Gott wurd abberufen
Es trifft jeden – die Frage ist nur wann
Denn jeder muss erklimmen die Himmelsstufen

Sonntags ruft der Glockenklang dann zum Gebet
Sie laden ein zum frohen Lobgesang
Damit der Herr die Welt auch morgen weiter dreht
Denn ihm und seinem Wort gebührt der erste Rang

EIN GEBET

Du bist der Herr, du bist der Höchste
Du bist der Herr der Liebe
Du bist der Größte
Bringst zum wachsen in mir die zarten Triebe

Nimm mich auf mit deinen Armen
Damit ich ziehen kann an gleichem Strang
Denn meine Sünden brauchen dein Erbarmen
Den rechten Weg zu finden, in mir steckt dieser Drang

Das Gewicht meiner Sünden erdrückt mich
Habe Angst meine Augen zu dir zu heben
Befürchte den letzten großen Stich
Ich flehe dich an mir zu vergeben

Mir geschieht recht wenn ich nun leiden muss
Ich habe sie verdient diese dunkle Nacht
Darum gib mir auf die Wange einen Gnadenkuss
Zeige mir deine Gnade und ganze Macht

Doch deine Güte ist so unermesslich
Deine Liebe ist so groß
Unser Band soll werden unzertrennlich
Mein Wunsch danach ist riesengroß

Weis mir den rechten Weg zu dir
O Gott das ist der größte Wunsch von mir
Du bist der Herr, du bist der Höchste

AMEN

GOTTVERTRAUEN

Ganz heimlich schleicht ein Leiden
Sich in dein Leben ein
Vergessen sind die Freuden
Fühlst nur noch Angst und Pein

Mit andren Augen siehst du
Die Zukunft wenn's sie gibt
Mit andren Werten misst du
Den Menschen der dich liebt

Hast vorher du vergessen
Das droben jemand wacht
Der dir schenkt unermessen
Kraft für die bittere Nacht

Dann lerne wieder beten
Und du kannst voll Vertrauen
Aus deiner Ohnmacht treten
Und Gottes Gnade schaun

Die Gnade Gottes zeigt dir
Das es zu spät nie ist
Und du in seiner Hand hier
Stets aufgehoben bist

Nur er ist es der dir Trost dann schenkt
In deiner schwersten Zeit
Nur er der deinen Schritt auch lenkt
Zur schönsten Seligkeit

UNSICHTBARE KRAFT

Unhörbar gleitet der laue Sommerabend
Sich an den letzten Sonnenstrahlen labend
In die Dunkelheit der nahen Nacht
Gehen Freunde für uns auf Wacht

Eine Wolkendecke hüllt Mond und Sterne ein
Dunkelheit schaut in jedes Zimmer rein
Stille legt sich übers Land
Der Schlaf den Weg in jedes Auge fand

Lautlos legt sich der Atem Gottes über die Erde
Im Traum werden wir alle zu seiner Herde
Er schenkt uns die Kraft nicht zu zweifeln
Wird mit seinem Geist unsere Seele streicheln

Auch in der Not bringt seine Stärke uns zum lächeln
Verzeiht uns wenn wir doch mal schwächeln
Nur Gott kann sie uns geben
Die Hoffnung auf ein neues und ewiges Leben

GEDANKEN AN GOTT

Wünsch mir so sehr ein friedvolles Leben
Wird Gott mir wirklich dann vergeben
Doch was war ist Sünde pur
Hab doch dieses eine Leben nur

Wie wird es sein vor ihm zu stehn
Er ist so Groß – wird er mich sehn?
Wird er fragen: was willst du hier?
Oder sagen: Ab in die Hölle mit dir!

Manchmal lässt der Alltag kaum eine Wahl
Und die Sünde wird schon jetzt zur Qual
Wär gern der beste Mensch auf Erden
Im nächsten Leben kanns vielleicht was werden
Wenn Gott auch mich wird stutzen
Will ich alles tun um diese Chance zu nutzen

ZWIEGESPRÄCH MIT GOTT

Bin gern gewandert durch Feld und Wald und Flur
Fühl mich dort ganz nah dem Schöpfer der Natur
In meinen Gedanken wir miteinander sprachen
Manchmal gab es für mich auch ein leises Lachen

Versuchte im richtigen Rahmen auch zu denken
Ließ mich gern dabei von ihm dann lenken
Eigentlich ist alles selbstverständlich
Wäre mein innerstes ICH nur nicht so vergänglich

STERNSTUNDEN

Ich weiß nicht mehr was Lachen ist
Und wie Freude sich anfühlt – weil sie mich doch vergisst
Die Sprache der Hoffnung habe ich verlernt
Als hätte ich nie etwas Gutes gelernt
Leid fesselt meinen Blick
Verdunkelt meinen Glauben mit Geschick

Ich bin müde – Gott entscheide du was ich kann
Egal was du willst - ich bin dein Mann
Ich bin so weit entfernt von dir komm mir doch entgegen
Bitte hilf mir zu schreiten auf rechten Wegen

Lass mich diesen Weg nicht alleine gehen
Ich will deine Worte und Taten doch nur verstehen

*Ich möchte glauben das der Himmel sich öffnet
und dir danken
Sende noch einmal Frieden in meine wirbelnden
Gedanken*

*Bis ich mich bergen kann bei dir mit meinen
Zweifeln und meinen Sehnen
Mit meiner grenzenlosen Müdigkeit an dich
lehnen
In der Hoffnung das du mich noch nicht aufgibst
Und in deiner Gnade mir meine Sünden auch
vergibst*

DEIN BESCHÜTZER

Gott hat einen Engel bestimmt für dich den
Himmel zu verlassen
Nicht um mit deinem Geld zu prassen
Damit er schützend an deiner Seite kann wachen
Und auch um heimlich mit dir zu lachen

Du kannst ihn zwar nicht sehn
Aber er wird jeden Schritt mit dir zusammen gehn
Er hat es sich zur Pflicht gemacht
Das er gibt nun auf dein Leben acht
Denke nie du bist allein
Er wird nun immer bei dir sein

MEIN HERR

Herr du bist mein Stern am Himmel
Nur du weißt wie es mir wirklich geht
Ich bin oft so traurig im alltäglichen Getümmel
Und du bist der der mich versteht

Warum muss ich oft weinen
Und kann nicht richtig glücklich sein
Gibt für mich mehr Regen als Sonnenschein
Die Sonne trocknet Tränen und Regen
Du mein Herr bist meine Sonne und mein Segen
Kann ich kommen zu dir hinauf
Ich warte doch so sehr darauf

Du bist es der meine Tränen lenkt
Und trotzdem an mich denkt
Du verstehst mich – ich spüre es genau
Vor allem wenn zu dir hinauf ich schau
Herr du bist dort oben der hellste aller Sterne
Trotzdem ganz nah und gar nicht ferne

DIE KERZE

Zündest du dir in der Kirche eine Kerze an
Und verweilst du in Gedanken dann
Spürst du das eine Kerze nicht nur Wärme spendet
Sondern das deren Schein im Augenblick dein Leben wendet

Diese Kerze ist ein Hoffnungszeichen
Das Gott nicht wird von deiner Seite weichen
Er ist da wenn du stumm an das Leid anderer denkst
Ihnen Hoffnung und Liebe schenkst

Du versinkst ganz schnell in ein Gebet
Merkst das deine Seele vor Glück nun bebt
Als wäre sie wie die Kerze auch eine Wärmequelle
Denn sie sie tritt aus dem Dunkeln in das strahlend Helle

Die Kerze bringt in deine Augen auch ein strahlen
Dieser Glanz vertreibt auch deine letzten Qualen
Denn mit ihnen kannst du Gottes Liebe sehn
Und auf seinen rechten Wegen gehn

Du begreifst das alles wird bestrahlt von göttlichem Licht
Durch unseren Herrgott erblicken wir vieles aus anderer Sicht
Denn für uns ist Jesus Christ aufgeleuchtet
Darum werden wir von Gottes Liebe durchdrungen und erleuchtet

LICHT IN DER DUNKELHEIT

Ich schreite durch die Dunkelheit
Und warte auf das Morgenlicht
Nur langsam verrinnt die Zeit
Der Mond scheint in mein Gesicht

Waren am Anfang die Schritte auch noch
Zögerlich
Macht mir ein Blick hinauf in die Sterne
augenblicklich klar
Der Schutz des Herrn ist ewiglich
Und gilt nicht nur für ein kurzes Jahr

So ist es auch in der Dunkelheit des Lebens
Wenn du den Herrn bittest deine Schritte in das
Licht zu lenken
Dann ist deine Bitte nicht vergebens
Denn der Herr wird diese an den Engel des Lichts
verschenken

Kurt von der Heide veröffentlichte in diesem Verlag auch noch folgende Bücher:

Gedichte - meine Träume

Träumen Sie mit mir

Kurt von der Heide zeigt in diesem Buch ein breites Spektrum seiner dichterischen Ausdrucksstärke.
Er lässt seine Leser teilhaben an Gedichten und Gefühlen aus dem Leben, zum nachdenken, zum schmunzeln und einfach zum genießen.

Books on Demand
ISBN 978-3-7322-4449-2, Paperback, 56 Seiten

Kurzweilige Kurzgeschichten

Wer hat schon Zeit für langweilige Langgeschichten

Egal ob Natur, Liebe oder Humor der Autor entführt sie in seine Welt von Kurzgeschichten wobei niemand vor Überraschungen sicher ist! Entspannte Lesefreuden sind garantiert!

Books on Demand
ISBN 978-3-7322-4562-8, Paperback, 64 Seiten